전염병 연구소 흑사병부터 코로나19까지 오싹오싹한 세균과 바이러스!

초판 1쇄 발행일 2021년 7월 31일 | 초판 3쇄 발행일 2022년 12월 20일
글 리처드 플랫 | 그림 존 켈리 | 옮김 최현경 | 감수 김명주
펴낸이 유성권 | 편집장 심윤희 | 편집 유옥진, 김세영 | 디자인 이아진
마케팅 김선우, 강성, 최성환, 박혜민, 김단히 | 홍보 김애정
제작 장재균 | 관리 김성훈, 강동훈
펴낸곳 (주)이퍼블릭 | 출판등록 1970년 7월 28일(제1-170호)
주소 07995 서울시 양천구 목동서로 211 범문빌딩
전화 02-2651-6121 | 팩스 02-2651-6136
홈페이지 safaribook.co.kr | 카페 cafe.naver.com/safaribook
블로그 blog.naver.com/safaribooks | 포스트 post.naver.com/safaribooks
인스타그램 @safaribook_ | 페이스북 facebook.com/safaribookskr
ISBN 979-11-6637-281-0 74000 | 978-89-6480-813-9 (세트)

The Germ Lab
First published 2011 by Kingfisher an imprint of Pan Macmillan
This edition published in 2020 by Kingfisher an imprint of Pan Macmillan
Copyright© Macmillan Publishers International Ltd. 2011, 2020
Korean Translation Copyright© E Public(Safari) 2021 All rights reserved.
This edition is published by arrangement with Macmillan Publishers
International Ltd through KidsMind Agency, Korea

이 책의 한국어판 저작권은 키즈마인드 에이전시를 통해 Macmillan Publishers
International Ltd와 독점 계약한 이퍼블릭(사파리)에 있습니다.
신 저작권법에 의해 한국 내에서 보호를 받는 저작물이므로 무단 전재와 복제를 금합니다.

* 이 책의 내용 일부 또는 전부를 재사용하려면 반드시 저작권자와
  (주)이퍼블릭 양측의 동의를 얻어야 합니다.
* 사파리는 (주)이퍼블릭의 유아·아동·청소년 출판 브랜드입니다.
* 책값은 뒤표지에 있습니다.

KC마크는 이 제품이 공통안전기준에 적합하였음을 의미합니다.
제조자명 : ㈜이퍼블릭(사파리) 제조국명 : 대한민국 사용 연령 : 8세 이상
종이에 베이거나 모서리에 다치지 않게 주의하세요.

차례

 **8 여기는 전염병 연구소입니다**
전염병 소개

 **10 현미경으로 확대한 세상**
세균과 바이러스 자세히 관찰하기

 **12 병은 어떻게 퍼져 나갈까**
전염병의 감염 경로

 **14 전 세계 유행 전염병, 팬데믹**
세계 유행 전염병에 대하여

 **16 전염병 악당들의 표본 전시회**
역사 속 가장 끔찍한 전염병

 **18 중세 유럽을 휩쓴 흑사병**
흑사병에 대하여

 **20 널리 퍼져 간 흑사병**
흑사병 더 자세히 들여다보기

 **22 신이 벌로 내린 한센병**
한센병(나병)에 대하여

간지르르 박사 (벼룩)

쥐티쿠스 교수 (시궁쥐)

- 24 **오래전 의사들의 질병 이론과 오류**
  잘못된 이론과 터무니없는 증거들
- 26 **수질 오염과 콜레라**
  런던의 콜레라 사건
- 28 **미생물 연구의 시작**
  미생물학에 대하여
- 30 **살인 모기와 말라리아**
  말라리아에 대하여
- 32 **아이들이 잘 걸리는 전염병**
  빈민가의 전염병에 대하여
- 34 **미라의 얼굴에 남은 천연두 자국**
  천연두에 대하여
- 36 **면역 체계와 백신**
  면역과 예방 접종에 대하여
- 38 **전쟁보다 무서운 인플루엔자**
  인플루엔자 바이러스에 대하여
- 40 **농작물을 해치는 전염병**
  식물에 생기는 병균과 기근에 대하여
- 42 **악마의 저주로 알려진 맥각병**
  맥각병에 대하여
- 44 **오늘날의 위험한 전염병**
  전 세계로 퍼지는 병균
- 46 **방사선 사진으로 진단하는 결핵**
  결핵에 대하여
- 48 **미래의 전염병**
  새로운 전염병과 예방 대책
- 50 **전염병 연구를 위한 단어 풀이**
- 52 **감염병 대유행의 역사**
- 54 **세균과 바이러스를 마음껏 그려 보아요!**

이 책에 나오는 연구원 4마리를 찾아보아요. 이 친구들이 여러분을 전염병 연구소로 안내할 거예요.

실험실 조교 웽 (모기)

실험실 조교 콕콕 (체체파리)

전염병과 병원체
전염병을 일으키는 미생물들을 '병원체'라고 해요. 이 책에서는 세균(박테리아), 바이러스, 원생생물 등으로 쉽게 풀어 썼어요. '전염병'은 2010년 이후 공식적으로 '감염병'이라고도 부른답니다.

여기는 전염병 연구소입니다

어서 오세요, 여기는 세균과 바이러스가 들끓는 전염병 연구소입니다. 온갖 무시무시한 세균과 바이러스들로 가득하니, 부디 조심해야 해요! 한 녀석만 마주쳐도 끔찍한 병에 걸리거나 죽음에 이를 수 있거든요. 여러분이 세균에 감염되어 다른 사람에게 옮기면, 유행병이 시작되어 자칫하면 수천 명을 죽음으로 몰아넣을 수도 있어요. 그렇다고 너무 걱정하진 말아요. 요즘에는 전염병을 막을 여러 방법들이 있으니까요.

전 세계에 전염병을 퍼뜨리는 악당들

세균은 스스로 질병을 퍼뜨리기도 하지만 다른 동물에 실려서 퍼져 나가기도 해요. 14세기 유럽에서는 쥐들이 옮긴 흑사병으로 인해 엄청난 사람들이 죽었어요. (18~21쪽) 사실 흑사병을 옮긴 건 쥐가 아니라 쥐에 붙어살며 피를 빠는 벼룩이었지요. 물론 쥐도 인간에게 40가지 넘는 질병을 옮기는 전염병 악당이에요. 더욱 놀라운 건 이렇게 세균을 옮기는 악당 생물은 쥐뿐 아니라 모기, 달팽이, 비둘기 그리고 강아지와 고양이까지 다양하다는 사실이에요. 지금부터 전염병 연구소에서 세균과 바이러스를 옮기는 생물들이 무엇이고 그 종류가 얼마나 많은지 알아보아요.

쥐티쿠스 교수

질병을 퍼뜨리는 대표 병원체 삼총사

'병원체'는 질병을 퍼뜨리는 미생물이에요. 대표적인 병원체 삼총사로는 '원생생물', '세균(박테리아)', '바이러스'가 있지요. '원생생물'은 하나의 세포로 이루어진 아주 작은 생물이에요. 원생생물보다 더 작은 '세균(박테리아)'은 지금껏 알려진 생물 가운데 가장 작답니다. '바이러스'는 세균보다 작은 생물과 무생물의 중간 형태로, 끝없이 자기 몸을 복제하며 병을 일으키지요.

원생생물
원생생물인 말라리아 원충에 감염된 핏속의 적혈구

세균
흑사병을 일으키는 페스트균

바이러스
천연두를 일으키는 마마 바이러스

얼마나 작은지 알려 주마!

병을 퍼뜨리는 대표 병원체 삼총사는 진짜 진짜 작아요. 사람의 머리카락 한 올 굵기에 말라리아 원충 200개, 페스트균 500개, 마마 바이러스 3,300개가 살 수 있거든요!

쓸모 있는 세균도 있어요. 어떤 세균은 죽은 식물을 썩힌 거름으로 흙을 기름지게 하거든요.

현미경으로 확대한 세상

맨눈으로는 세균이나 바이러스가 보이지 않아요. 17세기에 현미경이 발명되고 나서야 주변 곳곳에 갖가지 병원체들이 우글우글하다는 사실을 알게 되었지요. 이제 전염병 연구소의 쥐티쿠스 교수가 현미경으로 아주 작은 세균과 바이러스를 확대해 볼 거예요. 함께 자세히 알아보아요!

현미경 렌즈

현미경은 2개의 렌즈를 이용해 사물을 실제보다 훨씬 크게 확대해서 관찰하는 도구예요. 물체와 가까운 쪽에 있는 '대물렌즈'는 물체를 확대해서 보여 줘요. 눈을 대고 물체를 관찰하는 '접안렌즈'는 대물렌즈로 확대된 물체의 모습을 더욱 크게 키워 보여 주지요.

세균이 우글우글

현미경으로 100배 확대해 관찰하면 거의 모든 사물에서 세균이 발견돼요. 세균은 빠르게 증식해서 '집락'이라는 커다란 집단을 이루지요. 그러나 우리 주변에 살고 있는 세균들 가운데 극히 일부만 질병을 일으킨답니다.

최초의 현미경

왼쪽 사진은 네덜란드의 과학자 '안톤 판 레이우엔훅'의 모습이에요. 그는 작은 유리구슬 렌즈가 달린 엄지손가락 크기의 현미경을 만들어 맨눈으로 잘 보이지 않는 작은 물질들을 최초로 관찰했어요. 그 뒤로 높은 배율의 현미경을 400개 이상 만들었지요. 그리하여 17세기 후반, 현미경으로 원생생물과 세균을 발견해 미생물학의 발전을 이루었어요. 하지만 질병을 일으키는 미생물이 있다는 사실까진 밝히지 못했지요.

원생생물 들여다보기

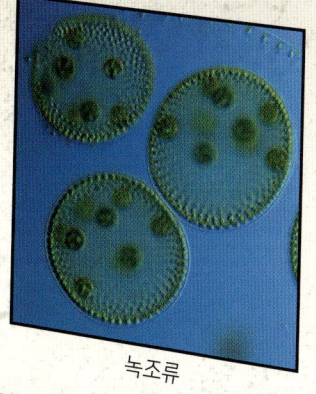

녹조류

원생생물은 세균보다 조금 커서 현미경으로 관찰하기 좋아요. 원생생물은 대개 한 개의 세포로 되어 있고, 식물과 동물로 구분하기 힘들며, 축축한 곳을 좋아해요. 조류는 식물처럼 빛을 받아 스스로 양분을 만들어 내는 원생생물이에요. 왼쪽 사진은 물속에서 사는 녹조류지요. 동물처럼 먹이를 찾아 꿈틀꿈틀 움직이는 원생생물이 몸속에 들어오면 질병을 일으켜요.

전자 현미경으로 바이러스 확대하기

바이러스는 크기가 아주 작아서 성능 좋은 전자 현미경으로 관찰해야 해요. 생물의 몸을 이루는 기본 단위인 세포를 공격하지요. 바이러스가 몸 속에 침투하면, 세포를 감염시켜 자신과 똑같은 바이러스를 계속 만들어 늘려요. 그리고 바이러스에 감염된 세포를 망가뜨려 질병을 일으키지요.

독감을 일으키는 인플루엔자 바이러스를 전자 현미경으로 관찰한 모습

대개 현미경은 물체에 광선을 비춰 확대된 모습을 보여 줘요. 하지만 바이러스는 광선보다도 크기가 작아서 현미경으로 확대해도 어렴풋하게 보이지요. 오른쪽 사진의 전자 현미경은 입자가 작은 '전자 빔'을 쏘아 반사된 이미지로 물체를 크고 정밀하게 보여 줘요. 무려 200만 배까지 확대할 수 있답니다.

병은 어떻게 퍼져 나갈까

앗, 전염병 연구소가 병원체들에게 공격당했어요! 여러분도 감염될 수 있으니 조심해야 해요! 세균 또는 바이러스에 감염되면 여러 증상이 나타나요. 온몸이 여기저기 아프다 심하면 죽음에 이를 수도 있지요. 세균은 감염된 사람의 몸을 떠나 다른 사람을 감염시키기도 해요. 감염된 몸에서는 세균 수가 마구 늘어나 전염병이 쉽게 퍼지지요.

무증상 감염

세균이나 바이러스가 몸속에 침투해도 아무런 증상이 나타나지 않는 경우가 있어요. 이를 '무증상 감염'이라고 해요. 무증상 감염 환자는 저도 모르게 다른 사람에게 질병을 널리 퍼뜨리지요. 예를 들어 한센병 환자는 병의 증상이 나타나기 전까지 최대 20년 이상 호흡만으로 병을 퍼뜨릴 수 있답니다.(23쪽)

감염 경로

위험한 세균과 바이러스는 생물들을 감염시켜 질병을 옮기는 게 목표예요. 이들이 어떻게 생물의 몸속에 들어가 질병을 퍼뜨리는지 경로를 알아보아요.

입 : 상한 음식을 먹거나 더러운 손을 입에 댔을 때 세균이 입을 통해 위장으로 들어가 감염돼요.

피 : 피부에 상처가 나거나 주삿바늘을 제대로 소독하지 않고 여러 사람들이 하나로 돌려쓰면 세균과 바이러스가 핏속에 침투해 감염돼요.

동물 : 동물의 몸에 붙어사는 이, 벼룩, 파리 같은 생물들이 세균을 동물의 몸에 옮겨 병을 일으켜요.

물건 : 생활에서 자주 접하는 문손잡이, 동전, 지폐 등의 물건을 손으로 만질 때 물건에 묻은 세균과 바이러스가 손을 거쳐 입으로 들어가 감염돼요.

침방울 : 질병에 걸린 환자가 기침 또는 재채기를 하거나 숨을 쉴 때 침방울과 함께 세균과 바이러스가 사방으로 퍼지며 감염돼요.

급성 전염병

콜레라균 같은 세균에 감염되면 즉시 심각한 증상을 일으켜 급성 전염병이 먼 곳까지 빠르게 퍼져 나가요.(26쪽) 콜레라균이 몸속으로 들어가면 끔찍한 통증과 설사가 시작되고, 많은 수분이 몸 밖으로 빠져나가지요. 설사할 때마다 수많은 콜레라균도 화장실의 배수관을 통해 바깥으로 흘러 나가게 돼요. 이렇게 콜레라균에 오염된 물을 끓이지 않고 마시면 순식간에 콜레라가 퍼진답니다.

흑사병이 창궐할 당시 의사들은 감염을 막기 위해 새 부리 모양의 가면을 쓰고, 환자들을 막대기로 쿡쿡 찔렀어요. 이 '치료법'은 당연히 전혀 듣지 않았지요.

중세 유럽을 휩쓴 흑사병

14세기, 유럽의 시내 거리에는 온통 쥐들이 들끓었어요. 쥐들은 하수구나 쓰레기 더미를 여기저기 오가며 페스트균에 감염된 쥐벼룩을 옮겼지요. 1347년, 쥐들이 퍼뜨린 흑사병이 유럽에 크게 번졌어요. 이 병에 걸리면 피부가 까맣게 부어오르다가 끝내 목숨을 잃기 때문에 '흑사병'이란 이름이 붙게 된 거예요. 당시 이 끔찍한 전염병으로 유럽 전체 인구의 무려 30% 이상이 목숨을 잃었답니다.

흑사병은 어떻게 퍼질까?

쥐의 몸에 기생하는 벼룩을 통해 이 전염병이 퍼지기 시작했어요. 벼룩이 페스트균에 감염된 쥐를 물면 벼룩도 페스트균에 감염돼요. 그 벼룩이 다시 건강한 쥐들을 물면 페스트균이 점점 전파되지요. 페스트균에 감염된 쥐가 흑사병에 걸려 죽으면, 죽은 쥐의 몸에 기생하던 벼룩이 사람 몸으로 옮겨 가 흑사병을 사람에게 널리 퍼뜨린답니다.

1. 건강한 쥐를
2. 감염된 벼룩이 물면
3. 쥐가 죽고
4. 그 벼룩이 사람에게 가서
5. 사람을 물면
6. 그 사람은 영원히 잠들어요.

세계 최초의 '격리'

전 세계 정부들은 흑사병을 막으려고 갖은 애를 썼어요. 1377년, 라구사 공화국(현재 크로아티아의 도시 두브로브니크)에서는 모든 방문자들을 일단 가까운 섬에 30일 동안 머무르게 했어요. 1397년에는 격리 기간을 늘려 40일이 지난 뒤 증상이 없는 사람만 입국을 허락했지요. 이렇게 대상을 주의 깊게 관찰하면서 엄격히 분리해 두는 대책을 '격리'라고 해요. 여기서 격리를 뜻하는 쿼런틴(quarantine)은 40일을 뜻하는 이탈리아어 콰란타 조르니(quaranta giorni)에서 유래되었답니다.

공포의 흑사병 증상

벼룩에 물린 뒤 이틀에서 열흘 사이에 증상이 나타나요. 갑자기 고열이 나고 끔찍한 두통과 요통, 근육통을 앓지요. 심한 기침이나 피를 토하기도 해요. 피부가 부어오르면서 가래톳이라는 멍울이 목과 겨드랑이, 사타구니에 생기다 심하면 며칠 안에 죽음을 맞이할 수도 있어요. 그래서 이 질병을 '가래톳흑사병'이라고도 하지요.

흑사병 치료법

돈 많은 환자들은 풀과 나무에서 추출한 약물을 구해 마셨어요. 이것이 효과가 없으면 의사가 환자의 몸에서 피를 뽑기도 했지요. 가난한 환자들은 오로지 죽지 않게 해 달라고 기도하는 수밖에 없었고요. 성직자들은 흑사병에 걸리지 않으려면 사치스러운 생활, 못된 행동, 따뜻한 물에 목욕하거나 과일 먹기 등을 피하라고 가르쳤어요. 하지만 이 방법들 가운데 어떤 것도 죽음을 막지 못했지요.

널리 퍼져 간 흑사병

흑사병은 감염된 쥐와 벼룩과 사람의 몸에 붙은 채 대륙을 건너 멀리 퍼져 나갔어요. 1347년에는 유럽 남동부에 이르렀고, 1348년 가을에는 영국에 닿아 사람들의 목숨을 앗아 갔지요. 사람들은 무시무시한 병이 새로운 도시에 퍼질 때마다 자신이 이미 페스트 균에 감염되었다는 사실을 모른 채 이웃 도시로 달아났어요. 결국 흑사병은 그렇게 감염자들의 몸에 실려 많은 이웃 도시들로 널리 전파됐지요.

기근
흑사병이 퍼진 뒤 사람들은 굶주림에 시달려야 했어요. 농사짓는 농부들까지 병을 앓다 죽는 바람에 곡물도 사고팔 수 없게 되었으니까요.

피난
흑사병을 피해 말이나 배를 타고 멀리 도망가는 일은 부자들이나 할 수 있었어요. 당시 여행은 돈이 너무 많이 들어서, 가난한 사람들은 피난도 갈 수 없었지요.

얼마나 많이 죽었을까?
14세기에 터진 흑사병으로 목숨을 잃은 인구는 유럽과 아시아에서 5,000만 명에 달해요. 대한민국 인구와 비슷하지요. 세계적 유행 이후에도 많은 인구가 죽었답니다.

14세기 흑사병의 전파 지도
- 1347년 발생 지역
- 1348년 발생 지역
- 1349년 발생 지역
- 1350~1352년에 발생했거나 또는 전혀 발생하지 않은 지역

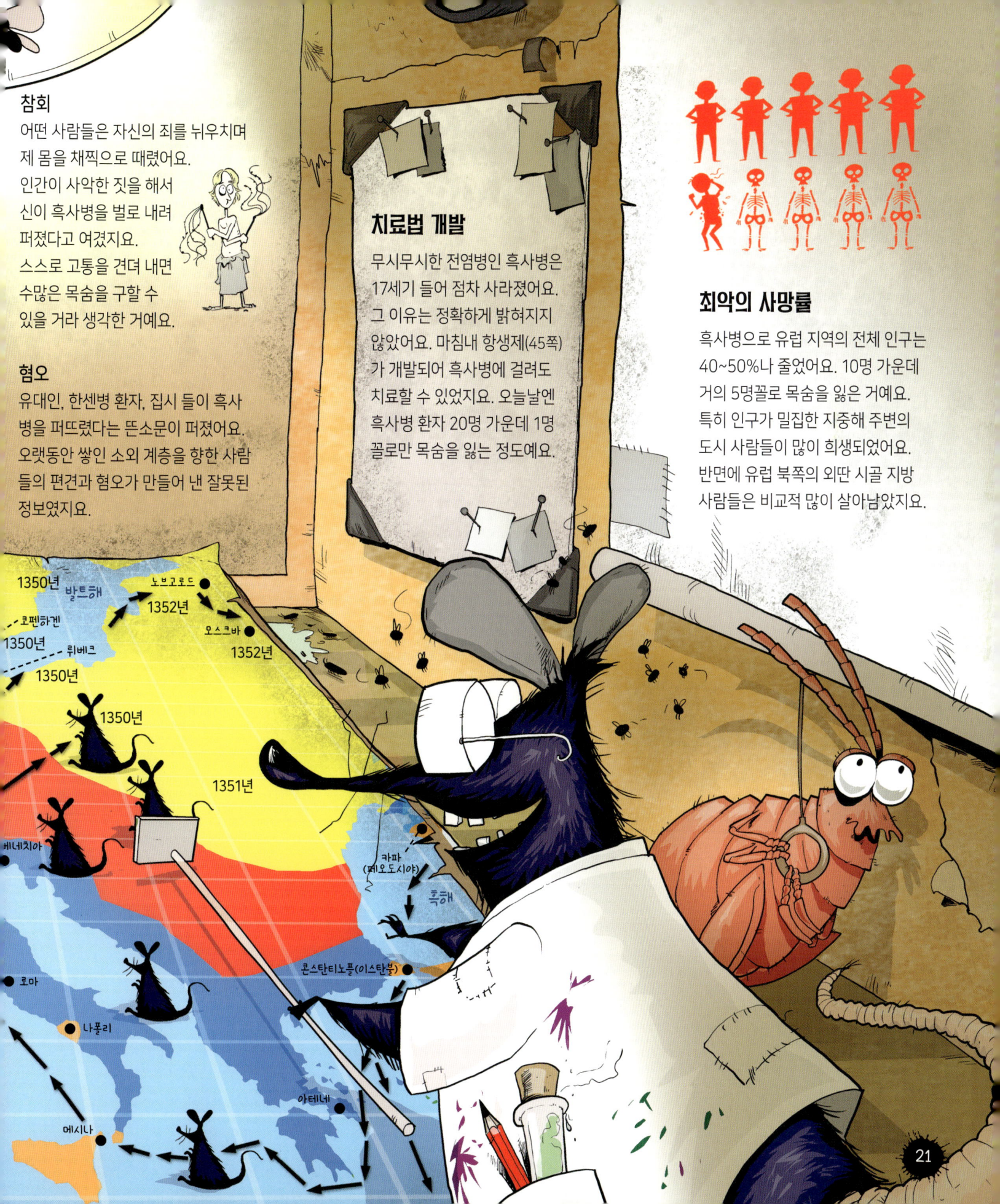

참회

어떤 사람들은 자신의 죄를 뉘우치며 제 몸을 채찍으로 때렸어요. 인간이 사악한 짓을 해서 신이 흑사병을 벌로 내려 퍼졌다고 여겼지요. 스스로 고통을 견뎌 내면 수많은 목숨을 구할 수 있을 거라 생각한 거예요.

혐오

유대인, 한센병 환자, 집시 들이 흑사병을 퍼뜨렸다는 뜬소문이 퍼졌어요. 오랫동안 쌓인 소외 계층을 향한 사람들의 편견과 혐오가 만들어 낸 잘못된 정보였지요.

치료법 개발

무시무시한 전염병인 흑사병은 17세기 들어 점차 사라졌어요. 그 이유는 정확하게 밝혀지지 않았어요. 마침내 항생제(45쪽)가 개발되어 흑사병에 걸려도 치료할 수 있었지요. 오늘날엔 흑사병 환자 20명 가운데 1명 꼴로만 목숨을 잃는 정도예요.

최악의 사망률

흑사병으로 유럽 지역의 전체 인구는 40~50%나 줄었어요. 10명 가운데 거의 5명꼴로 목숨을 잃은 거예요. 특히 인구가 밀집한 지중해 주변의 도시 사람들이 많이 희생되었어요. 반면에 유럽 북쪽의 외딴 시골 지방 사람들은 비교적 많이 살아남았지요.

한센병(나병)은 아프리카 동부 지역에서 처음 발병해 무역이 활발해지면서 전 세계로 널리 퍼졌어요. 17세기엔 아프리카 사람들이 유럽의 상인들에게 사로잡혀 카리브해 섬나라와 남아메리카로 끌려갔지요. 이 노예들 가운데 한센병균(한센병을 일으키는 병원체)에 옮은 환자들도 섞여 이동했답니다.

신이 벌로 내린 한센병

중세 시대, 두건을 쓴 거지가 절뚝거리며 길을 걷고 있었어요. 한 손으로 종을 딸랑딸랑 울리면서 잔뜩 쉰 목소리로 "부정하다!"고 외쳤지요. 주변 사람들에게 자신이 지나가고 있으니 피해 가라고 알려 준 거예요. 아이들은 거지의 문드러진 몸을 뚫어져라 바라봤어요. 몇몇 어른들은 거지에게 음식을 주면서도 그 몸에 닿을까 봐 잔뜩 움츠러들었지요. 거지의 한센병에 옮고 싶지 않았기 때문이에요!

중세 성직자들은 신도들에게 '한센병은 악한 자에게 신이 내리는 벌'이라고 전했어요. 사람들은 성경 속 이야기를 빌려 전하는 성스러운 말을 철석같이 믿었답니다.

아주 오래된 질병

고대에도 한센병이 있었어요. 중동 지역의 예루살렘에서 한센병의 증거가 최초로 발견되었지요. 2009년, 고고학자들이 예루살렘에서 '힌놈의 골짜기'를 발굴 조사했을 때 약 2천 년 전 동굴에 묻힌 남자의 뼈에서 한센병균이 나왔어요.

예루살렘 근처에서 발굴된 한센병 환자 무덤은 입구가 단단히 막혀 있어, 형태를 오늘날까지 그대로 보존할 수 있었지요.

공포의 한센병 환자

요즘은 약으로 한센병(나병)을 치료할 수 있어서 한센병 환자 20명 가운데 1명 정도만 위험할 뿐이에요. 하지만 약 800년 전만 해도 한센병은 공포의 전염병이었기 때문에 이 질병에 걸리면 사회에서 격리되었지요. 한센병 환자들은 노란 십자가 같은 특별한 표시를 옷에 달고 다녀야 했어요. 또 사람들이 모여 사는 마을에서 멀리 떨어진 외딴 수용소에 갇혀 평생 살아야 했지요.

한센병 환자는 길을 걸을 때 종을 울리거나 나무 딱따기를 쳐서 주변 사람에게 자신을 피해 가라는 신호를 보냈어요.

한센병균

한센병을 앓는 사람의 망가진 손

한센병은 한센병균이 포함된 침방울을 오랫동안 들이마시거나 상처에 균이 침투하면 걸릴 수 있다고 해요. 하지만 정확한 원인은 밝혀지지 않았어요. 한센병에 걸려서 증상이 겉으로 드러나기까지 20년이나 걸리는 경우도 있어요. 피부가 두꺼워지고 감각이 무뎌졌다가 딱딱하게 부풀어 오르는 증상이 나타나지요.

결핵균

한센병과 결핵

14세기 이래로 유럽에서는 한센병의 유행이 꽤 줄었어요. 사람들이 도시에서 살기 시작하면서 한센병 대신 새로운 질병인 결핵균(46쪽)이 사람 많고 지저분한 거리에 빠르게 퍼져 나갔지요. 이제는 결핵에 걸리면 한센병의 예방 가능성이 높다는 사실이 알려졌답니다.

팔다리가 사라진다고?

한센병에 걸리면 몸 일부가 썩어서 떨어져 나간다는 말이 사실일까요? 땡! 이는 사실이 아닙니다! 하지만 한센병 환자는 피부 감각이 무뎌져 자주 상처를 입다 보니 팔다리를 잃는 경우도 있긴 했어요.

오래전 의사들의 질병 이론과 오류

약 200년 전, 의사들은 사람이 어떻게 질병에 걸려서 다른 사람을 전염시키는지에 대해 논쟁을 벌였어요. 하지만 전염병의 원인을 과학적으로 밝히지 못한 채 각자가 생각하는 방법으로 환자의 병을 치료했지요. 그 결과, 전염병을 막기는커녕 증상이 더욱 나빠지고 말았답니다. 오래전부터 의사들이 주장해 왔던 질병 이론과 오류가 궁금하다고요? 지금부터 소개할게요.

4체액설

기원전 4세기 무렵부터 의사들은 '4체액설'을 진지하게 믿어 왔어요. 사람의 몸은 피, 점액(콧물), 노란 담즙, 검은 담즙의 4가지 체액으로 이루어져 있다는 의학 이론이지요. 건강한 몸은 4가지 체액이 균형을 이루지만, 균형이 깨지면 질병에 걸린다고 생각했어요. 하지만 이것 역시 틀렸다는 사실이 밝혀졌지요.

공기 중의 독한 기운

1세기 이후 19세기까지, 의사들은 하수구나 습지, 쓰레기 더미에서 나오는 '미아즈마'라는 냄새 나는 나쁜 공기 때문에 질병에 걸린다고 여겼어요. 물질이 썩어 악취가 나는 곳에 주로 병원균이 퍼져 전염병이 창궐한다는 주장이었지만 틀렸다는 것이 밝혀졌지요.

피: 공기, 봄

점액(콧물): 물, 겨울

습	열
냉	건

노란 담즙: 불, 여름

검은 담즙: 흙, 가을

고대 그리스에서는 4가지 체액들이 각각 4계절과 연결되고, 만물을 이루는 4원소인 물, 불, 공기, 흙과도 연결된다고 여겼어요.

죄악에 대한 신의 벌

종교 지도자들은 나쁜 짓을 하면 신이 큰 벌을 내려 병에 걸린다고 믿었어요. 하지만 사람들은 이 생각에 의심을 품기 시작했지요. 착하고 신앙심 깊은 이들이 전염병으로 수없이 죽은 반면, 못되고 믿음 없는 이들이 살아남는 일도 많았거든요.

접촉 감염과 전염

14세기, 아랍계 학자들은 '아주 작은 생명'들이 건강한 사람의 몸속에 침투해 병을 일으킨다고 주장했어요. 그로부터 100년 뒤 이탈리아 물리학자 지롤라모 프라카스토로도 비슷한 의견을 냈지요. '질병의 씨앗'으로 감염되고, 이 씨앗이 옷이나 물건에 묻어 다른 사람에게 병을 옮긴다고 여겼어요. 이는 세균 이론과 비슷하지만 당시에는 이 주장이 터무니없다고 비웃었지요.

콜레라 전염의 원인

당시 많은 의학 전문가들은 썩은 물질이 내뿜는 독한 공기(24쪽)로 인해 콜레라가 퍼졌다고 생각했어요. 하지만 의사 존 스노는 오염된 물이 콜레라의 전염 원인이라 확신하고, 콜레라가 크게 퍼진 런던 변두리의 뒷골목으로 가서 바로 조사를 시작했지요. 이곳 빈민가 사람들은 얼마나 많은 이들이 콜레라를 앓다 목숨을 잃었는지, 목숨을 잃은 이들이 어떠한 환경에서 살아왔는지 이야기해 주었어요. 존 스노는 이 자료를 모아 죽은 사람들의 수를 지도 위에 표시하여, 콜레라와 수질 오염의 관계를 증명했지요. 이 지도 덕분에 빈민가에 콜레라가 퍼진 진짜 원인은 오염된 물이라는 사실이 밝혀졌답니다.

런던 뒷골목의 빈민가 사람들은 공중화장실 하나를 여러 가구가 함께 썼어요. 구덩이를 파 놓은 땅 위에 의자를 얹어 놓고 앉아서 볼일을 보았지요.

런던 변두리의 브로드 거리에는 마을 사람들이 물을 퍼 올려 쓰는 공용 펌프가 있었어요. 존 스노는 그 펌프를 완전히 막고 사람들에게 다른 물을 마시라고 했지요. 그 뒤로 거리에 퍼진 전염병이 크게 줄었어요. 콜레라 전염이 공용 펌프에서 시작되었다는 존 스노의 주장이 맞아떨어진 거예요. 콜레라 환자가 화장실을 쓰면 그곳의 오염된 물이 땅속 지하수로 흘러 들고 다른 이에게 옮겨 전염병이 퍼졌던 것이지요.

수질 오염과 콜레라

1854년, 영국 런던에서는 여느 때보다 훨씬 고약한 악취가 풍겼어요. 세계에서 가장 끔찍한 배앓이 전염병인 콜레라가 도시를 덮쳤거든요. 많은 사람들이 구역질과 설사를 하면서 말라 갔고 심지어 몇 주 사이 1만 1,000여 명이 목숨을 잃고 말았어요. 어쩌다 콜레라균이 크게 퍼져 나갔을까요?

존 스노(1813~1858년)는 영국의 의사이자 의학 탐정이에요. 그는 물의 오염이 콜레라 유행의 원인이라는 사실을 밝혀, 런던의 하수 처리 시설의 발전을 이끌었지요.

콜레라 지도

콜레라로 죽은 사람 1명당 빨간색 1칸이 표시돼 있어요. 대부분 브로드 거리 펌프로 물을 마셨는데, 존 스노는 그 오염된 물로 사람들이 죽었으리라 짐작했지요.

콜레라의 끔찍한 증상

콜레라에 한번 걸리면 끔찍한 배앓이와 심한 설사를 하지요. 몸에서 수분이 쭉쭉 빠지고 얼굴이 핼쑥해지며 피부가 퍼래져요. 1833년 의학서에 그려진 콜레라 환자는 그림처럼 기운 없이 축 늘어져 있는 시체 같은 모습이지요.

하수 처리 시설의 건설

콜레라가 심각해지자 영국에서는 존 스노의 주장을 받아들였어요. 1859년 런던에서 하수 설비 공사가 시작된 뒤로는 화장실에서 나온 똥오줌을 대형 배수 설비에 한데 모아 깨끗하게 처리했지요. 하수 처리 시설과 수도관 설비를 마친 뒤 런던에서 다시는 콜레라가 돌지 않았답니다.

콜레라가 유행하던 시기에 그려진 그림이에요. 사람들이 해골 모습을 한 죽음의 신이 퍼 올려 주는 물을 마시고 있어요.

1859년, 영국 런던에서 하수 처리 시설을 갖추기 위해 공사했던 현장 사진이에요.

미생물 연구의 시작

19세기, 과학이 크게 발전하면서 각종 질병의 새로운 치료법들이 등장하기 시작했어요. 이때 위대한 3명의 과학자 루이 파스퇴르, 로베르트 코흐, 페르디난트 콘은 세균을 비롯한 미생물이 질병을 퍼뜨린다는 사실을 밝혀냈어요. 이 연구들을 바탕으로 전 세계에 빠른 속도로 퍼지는 위험한 전염병들을 막을 방법도 알아냈지요.

연구소에서 실험하는 루이 파스퇴르(1822~1895년)

프랑스 미생물학자 루이 파스퇴르는 릴대학교의 실험실에서 포도주와 맥주가 종종 상하는 이유가 무엇인지 연구했어요. 그러다 공기 중에 떠다니는 미생물이 들어와 섞이면 술의 성질이 변한다는 사실을 증명했지요. 또 맥주와 포도주를 은근히 데우면 미생물을 죽이기 때문에 더욱 오래 보관할 수 있다는 사실도 알아냈고요. 이와 같은 방법으로 우유도 좀 더 오래 보관할 수 있었어요. 약한 불로 가열해 세균을 없애는 이러한 '저온 살균법'을 '파스퇴르법'이라고 불러요.

루이 파스퇴르의 세균 이론

루이 파스퇴르는 고기 수프가 상하는 과정을 관찰하다가 공기에 섞인 미생물과 만나면 수프의 신선도가 떨어지고 맛도 변한다는 이론을 증명했어요. 첫 번째 플라스크엔 고기 수프를 넣은 뒤 그대로 열어 두고, 두 번째 플라스크엔 고기 수프를 넣고 입구에 열을 가해 S자 모양으로 구부려 놓았지요. 같은 시간이 지난 뒤, 첫 번째 수프는 공기에 섞인 미생물과 반응해 곰팡이가 피었어요. 반면 두 번째 수프는 미생물이 S자 주둥이 안에 갇혀, 곰팡이가 피지 않았답니다.

안전한 저온 살균 우유

생우유를 마시면 우두에 감염될 위험이 꽤 높다는 사실이 밝혀진 뒤로 우유 농장이나 공장에는 위 사진과 같은 저온 살균 장비가 설치되었어요. 오늘날, 가게에서 판매하는 우유는 모두 저온 살균 과정을 거친답니다.

로베르트 코흐
(1843~1910년)

페르디난트 콘
(1828~1898년)

미생물학의 아버지

루이 파스퇴르가 프랑스에서 미생물을 연구하는 동안, 독일에서도 두 명의 미생물 학자들이 활동하기 시작했어요. 페르디난트 콘은 여러 종류의 세균들을 발견하고 이름을 붙여 분류했지요. 로베르트 코흐는 탄저병, 결핵, 콜레라를 일으키는 세균을 발견하고 병의 원인을 밝혀냈어요. 코흐의 연구로 백신(47쪽) 주사가 개발되어 결핵으로 목숨을 잃는 사람들이 많았던 당시, 결핵 환자를 크게 줄일 수 있었지요.

로베르트 코흐와 페르디난트 콘 그리고 루이 파스퇴르는 새로운 과학 분야인 '미생물학'을 연구해 질병을 예방하고 건강을 지키는 밑거름을 마련했어요. 미생물학은 맨눈으로 볼 수 없는 아주 작은 생물을 연구하는 학문이랍니다.

살인 모기와 말라리아

뜨겁고 습한 나라에서는 모기에 물려 말라리아에 걸리는 경우가 있어요. 말라리아 환자는 갑자기 고열에 시달리며 땀이 나다가, 금세 추워서 몸을 덜덜 떨고 설사와 구토, 발작을 일으키지요. 이 증상이 2~3일마다 찾아와요. 말라리아는 환자의 핏속 적혈구가 망가져 죽음에 이를 수도 있는 병이지만 백신이 없기 때문에 꼭 제때 예방약을 먹어야 해요.

말라리아 모기의 한살이

말라리아는 말라리아 원충에 감염되면 걸리는 병이에요. 모기가 말라리아 환자를 물면 동시에 환자의 핏속 말라리아 원충까지 싹 빨아들여요. 그리고 이 말라리아 원충에 감염된 모기가 물면 다른 사람의 몸에 말라리아 원충이 들어가 피를 통해 간으로 이동해요. 그러고는 개체 수를 늘리면서 적혈구를 파괴하지요. 혈구 세포들이 서로 들러붙어 심장에서 온몸으로 피를 내보내는 동맥이 막히면 죽음에 이를 수도 있답니다.

1. 모기가 말라리아 원충에 감염돼요.
2. 모기 몸속에 기생충이 퍼져요.
3. 모기가 사람을 물어 말라리아 원충을 감염시켜요.
4. 기생충이 사람의 간으로 옮겨 가요.
5. 다른 모기가 말라리아 원충에 감염된 사람을 물어 감염된 뒤, 또 다른 사람을 물어서 감염된 적혈구를 전염시켜요.

말라리아는 습지의 열병

서양에서는 오래전부터 말라리아를 '습지 열병'이라고 불렀어요. 하천이나 연못, 늪 근처에서 이 질병을 앓는 환자들이 많았기 때문이에요. 미생물의 증식 때문이 아니라 습지에서 피어오르는 해로운 수증기가 말라리아를 일으키는 것이라고 오해했지요.

아이들이 잘 걸리는 전염병

19세기, 도시의 빈민가 사람들은 좁고 더러운 환경에서 늘 굶주리며 살았어요. 갓난아이가 태어나도 셋 가운데 한 명꼴로 첫돌을 넘기기 전에 숨을 거둘 정도였지요. 훗날 주거 환경이 개선되고 예방 접종이 널리 보급되기 전까지 수많은 아이들이 전염병으로 목숨을 잃었답니다.

북적이는 도시와 다닥다닥 붙은 집

가난한 사람들은 집세를 내기 어려워 여러 가족들이 비좁은 장소에 한데 모여 살았어요. 미국 뉴욕에서는 고층의 공동 주택 한 채를 수십 개의 작은 방으로 쪼개어 썼지요. 하지만 대부분 창문, 화장실, 수도 시설도 없이 다닥다닥 붙어 있어 여름이 되면 온갖 질병이 휩쓸었어요. 1876년 7월에는 한 지역에서 100명도 넘는 아이들이 매일 목숨을 잃었지요.

온몸에 붉은 종기가 돋는 홍역

당시 홍역은 많은 아이들이 앓는 전염병이었어요. 환자의 날숨이나 콧물, 침방울 등을 통해 아주 쉽게 퍼지는 질병이라, 예전에는 빈민가 아이 넷 가운데 한 명꼴로 홍역에 걸려 죽기도 했지요. 다행히 살아남은 아이들은 홍역 바이러스에 면역이 생겨 다시 걸리지 않았어요. 20세기 이래로 아이들의 면역력이 강해지면서 홍역은 점차 수그러들었지만 면역력이 약해지면 언제든 다시 퍼질 수 있답니다.

19세기에는 아이 몸 크기 정도의 작은 관들을 흔히 볼 수 있었어요.

동전에 새겨진 로마 황제
고르디아누스 1세의 얼굴

면역력과 장수

어렸을 때 위험한 질병에 걸렸다가 회복되어 면역력이 생긴 아이는 꽤 오래 사는 경우도 있었어요. 고대 로마에서는 아이 10명 가운데 3명꼴로 숨을 거두었지만, 10살까지 잘 자란 아이는 50살까지도 살았지요. 로마 황제 고르디아누스 1세는 79살에 죽었어요.

아이들은 홍역뿐 아니라 온갖 전염병에 걸려 목숨을 잃었어요. 특히 5살 이하 아이들은 백일해에 걸려 죽는 경우가 많았지요. 백일해는 경련과 기침을 일으키는 호흡기 전염병이에요. 또한 호흡 기관으로 전염되는 디프테리아, 홍역처럼 종기가 돋는 풍진, 고열을 일으키는 유행성 이하선염과 성홍열로도 많이 죽었지요.

백신 개발과 예방 접종

20세기 들어 아이들이 예방 주사(37쪽)를 맞기 시작하면서 여러 질병에 면역이 생겼어요. 1920년대에 디프테리아와 백일해 백신이 개발되었고, 1960년대에 이르러 홍역, 유행성 이하선염, 풍진 백신 등이 뒤따라 개발되었지요. 한국을 비롯한 여러 나라에서는 아이들이 초등학교에 입학하기 전에 반드시 필수 예방 접종을 마치도록 법으로 정해 권장하고 있답니다.

미라의 얼굴에 남은 천연두 자국

고고학자들이 숨 막히도록 캄캄한 이집트 피라미드 안에서 돌로 만든 무거운 관을 힘겹게 열었어요. 그런데 파라오의 미라를 보자마자 깜짝 놀라 뒤로 물러섰지요. 파라오의 얼굴에 온통 물집으로 뒤덮인 흔적, 천연두 자국이 있었던 거예요! 이 무서운 전염병은 세계 수백만 명의 목숨을 앗아 가다 1980년대에 백신이 개발되면서 완전히 사라졌지요.

기원전 12세기, 고대 이집트의 파라오 람세스 5세는 천연두로 숨을 거둔 것으로 짐작되어요.

천연두를 앓다 살아남은 사람들의 피부에는 평생 얽은 흉터들이 남았어요.

천연두에 걸리면 온몸에 물집이 생기는데, 물집이 다닥다닥 붙어 물집 위에 또 물집이 나기도 해요!

천연두의 시작

약 1만 2000년 전, 이곳저곳을 떠돌며 살던 인류가 한곳에 머물고 농사를 지으며 무리를 이루어 살기 시작했을 때부터 천연두가 생겼을 거라고 짐작하고 있어요. 아시아, 아프리카의 동물들이 걸린 질병에서 시작된 이래, 그 동물을 집에서 기르면서 인간에게 옮아 천연두가 퍼져 나갔다고 해요.

천연두의 역사

천연두 바이러스는 감염되어도 2주 정도 아무 증상이 나타나지 않아요. 그래서 바이러스가 사방으로 전염되지 않도록 2주 동안 격리한 다음 증상을 살피지요. 4세기, 중국에서 천연두가 크게 유행한 뒤 한국을 거쳐 일본까지 전파되었어요. 한국에서는 천연두를 '두창' 또는 '손님마마'라고 불렀답니다. 10세기, 페르시아(현재 이란 땅)의 의사 라제스는 천연두에 대해 기록했는데, 이때 이미 유럽과 아시아, 아프리카에 널리 퍼져 있었어요. 그 뒤 18세기 유럽에서는 해마다 천연두로 약 40만 명이 목숨을 잃었고, 20세기 초까지 꾸준히 유행했지요.

효과 없는 민간요법

오랜 옛날부터 전 세계 사람들은 천연두를 치료하려고 온갖 치료법들을 내놓았어요. 일본에서는 청주와 콩, 소금을 섞은 따뜻한 물로 목욕했고, 브라질에서는 천연두 물집에 말똥을 발랐지요. 인도에서는 향이 강하거나 튀긴 음식을 먹지 않았어요. 유럽에서는 피를 뽑는 치료를 했고, 심지어 빨간 옷을 입거나 빨간 장식을 달면 낫는다는 속설을 믿었지요. 당연히 이 치료법들은 소용이 없었답니다.

당시에는 광천수로 목욕하면 고통스러운 천연두의 증상을 줄일 수 있다고 알려졌어요.

바다를 건너온 끔찍한 바이러스

16세기, 유럽 사람들은 아메리카 대륙으로 정복 전쟁을 떠나면서 천연두를 옮겨왔어요. 천연두 바이러스에 대한 저항력이 없었던 수많은 아메리카 원주민들이 목숨을 잃었지요. 1520년, 에스파냐의 침략으로 6개월 동안 전체 아즈텍 원주민의 30% 이상이 천연두로 숨졌답니다.

천연두 예방 접종

아프리카와 서아시아 일대에서는 천연두 예방법을 개발했어요. 천연두 환자의 피부에 난 물집에서 고름을 뽑아내, 천연두를 앓지 않는 사람의 피부를 갈라 발랐지요. 이 예방법으로 천연두에 걸린 아이들 6명 가운데 5명꼴로 목숨을 구했어요. 1713년, 아프리카 노예 오네시무스는 미국 사람들에게 이 '천연두 예방 접종'을 소개했지요. 1717년, 영국의 메리 워틀리 몬터규는 투르크 제국의 대사인 남편을 따라 콘스탄티노플(현재 터키의 이스탄불)에 갔다가 이 예방 접종법을 배워 영국에 소개됐답니다.

오네시무스 청동 조각상

메리 몬터규 초상화

면역 체계와 백신

인간의 몸에 면역 체계가 없었다면, 이미 오래전에 인류는 무서운 세균과 바이러스로 모조리 멸종되었을 거예요. 감염으로부터 스스로 몸을 보호하고, 질병을 낫게 해 주거든요. 면역 체계는 한 번 겪었던 질병을 기억했다가, 그 병원체가 몸속에 다시 들어오면 이를 막아 내고 물리쳐요. 예방 접종도 이와 비슷한 효과가 있지요. 예방 주사를 맞으면, 면역 체계가 병원체에 저항하는 힘을 키워서 전염병에 감염될 위험이 줄어든답니다.

자연 면역

대부분의 면역 체계는 혈관에 흐르는 핏속에 있어요. 대표적으로 핏속 세포인 백혈구가 세균과 바이러스에 저항해 이들을 없애지요. 어떤 질병에 처음 걸리면 백혈구는 화학 물질인 '항체'를 생산해요. 항체는 핏속에서 질병을 일으키는 세균과 바이러스를 공격하지요. 다음에 같은 세균과 바이러스가 다시 몸속에 들어오면 기억했다가 공격해요. 이것이 태어날 때부터 가지고 있는 병원체에 대한 자연적인 저항력으로 몸을 보호하는 자연 면역이랍니다.

바이러스 외피(보라색)가 Y자 모양의 항체 분자들에 둘러싸인 모습이에요.

우두와 천연두 기록물
-에드워드 제너

최초의 우두 접종

1773년, 영국 의사 에드워드 제너는 시골 농장에서 전염병인 우두를 치료하고 있었어요. 우두는 소젖으로 옮기는 가벼운 병이었지요. 그런데 우두에 걸린 여성 환자가 자신은 천연두엔 걸리지 않을 거라고 했어요. 1788년에 천연두가 유행하자, 제너의 우두 환자들은 실제로 천연두에 걸리지 않았지요. 그래서 에드워드 제너는 정원사의 아들에게 우두를 감염시킨 다음 천연두를 감염시켜 보았어요. 예상대로 아들은 우두에 걸렸다가 회복되었고 천연두에는 걸리지 않았지요. 이것이 천연두 예방 접종의 시작이랍니다.

에드워드 제너
(1749~1823년)

예방 접종

에드워드 제너는 최초로 천연두 백신을 개발했어요. 백신은 면역 체계가 한 종류의 병원체에 맞서 싸우는 항체를 생산하게 하지요. 오늘날까지 개발된 다양한 종류의 백신 가운데 천연두 백신이 가장 성공적이에요. 1980년, 세계 보건 기구(WHO)는 천연두 백신 접종을 시작한 뒤 천연두가 완전히 사라졌다고 발표했답니다.

인류를 지켜 주는 백신

처음 백신 접종을 시작한 18세기 무렵에는 효과에 대한 우려가 많았어요. 우두 백신을 맞은 환자들의 코가 소처럼 변하거나 머리에 소뿔이 돋는다는 소문이 퍼지기도 했지요. 하지만 이제 백신 접종은 치료할 수 없는 병을 유일하게 막을 방법이 되기도 해요. 새로운 백신이 개발되면 쓰이기까지 깐깐한 시험 과정을 거치지요. 감염 위험이 있는 모든 사람에게 백신을 접종할 때, 최고의 효과가 나타난답니다.

기생충

독감 바이러스 = 인플루엔자 바이러스

증상이 심한 감기를 독감으로 오해하는데, 감기와 독감은 달라요. 독감은 '인플루엔자 바이러스'로 감염되어, 목이 아프고 발열, 두통, 기침, 몸살 등의 증상이 나타나요. 환자가 기침하면 인플루엔자 바이러스가 아주 작은 침방울에 실려 퍼져요. 이 바이러스는 새로운 환경에 잘 변이하고 적응하므로 여러 번 독감에 걸려도 면역이 생기지 않는답니다.

인플루엔자 바이러스

전쟁보다 무서운 인플루엔자

제1차 세계 대전(1914~1918년)이 벌어지는 동안 전 세계 수백만 명이 목숨을 잃었어요. 당시 사람들의 목숨을 가장 많이 앗아 간 전쟁 무기는 총알과 폭탄이 아니라 바로 인플루엔자였어요. 아주 흔한 질병이라 얼마나 위험한지 잘 깨닫지 못하는 바이러스지요. 인플루엔자 바이러스는 아주 빠른 속도로 퍼져 나가면서 성질이 바뀌는 변이가 발생하기 때문에 백신의 면역 효과를 제대로 발휘하지 못해요. 오늘날에도 새로운 인플루엔자가 전 세계에 널리 퍼지고 있다고 합니다.

인플루엔자의 끈질긴 위협

세계에서 해마다 독감으로 목숨을 잃는 인구는 25만 명에서 50만 명에 이르러요. 새롭고 더욱 위협적인 종이 크게 유행하기도 해요. 1889년, 러시아 인플루엔자가 처음으로 전 세계에 퍼진 뒤, 제1차 세계 대전 당시였던 1918년에 역사상 가장 끔찍한 독감인 스페인 인플루엔자가 유행했지요. 이 독감으로 세계 인구의 절반이 감염되어 최소 4,000만 명 이상이 숨을 거두었어요.

1918년, 병원에서 스페인 인플루엔자를 치료하는 모습이에요.

인플루엔자 바이러스 변종

인플루엔자 바이러스는 사람에서 동물로 전염되었다가 다시 사람에게 전염되기도 해요. 사람이 가축을 길러 가까이 지내면, 더욱 쉽게 전염되지요. 이때 바이러스의 성질과 형태가 달라지는데, 특히 다른 생물종을 넘나들면서 변종이 발생해요. 그래서 여러 변종들을 분류해 각 고유 번호를 매겼지요. 조류 인플루엔자는 H_5N_1, 신종 인플루엔자는 H_1N_1이에요.

인플루엔자가 위험한 사람들

인플루엔자가 세계적으로 유행하면 특히 더욱 위험한 사람들이 있어요.

- 천식처럼 잘 낫지 않는 만성 질환을 앓거나 면역력이 약한 환자는 인플루엔자 바이러스의 감염 위험이 높아요.
- 나이가 들수록 인플루엔자 바이러스에 대한 면역력이 약해지기 때문에 특히 65세 이상 노인에게 더욱 치명적이에요.
- 임신한 여성은 특히 호흡기 질환에 대한 면역력이 약해서 인플루엔자 바이러스에 감염될 가능성이 훨씬 크지요.

인플루엔자 백신

1940년대, 미국에서 처음으로 인플루엔자 백신을 선보여 대량 접종하기 시작했어요. 하지만 인플루엔자 바이러스는 빨리 변이하므로 한 번 맞은 백신은 2년가량 효과가 나타나요. 의학계에서는 새로운 종의 바이러스가 발생할 때마다 정체를 파악해 새로운 백신을 개발해요. 그리고 제약 회사는 많은 사람들이 맞을 수 있는 충분한 양의 백신을 최대한 빨리 생산하려고 경쟁하지요.

농작물을 해치는 전염병

식물을 해치고 시들어뜨리는 전염병이 인류에 큰 위협이 될까요? 물론이에요! 사람들은 모두 식물의 잎과 뿌리, 열매를 먹고 살아가니까요. 사람들은 날마다 끼니때 여러 채소들을 먹어요. 주로 고기를 먹는다고 해도 고기로 쓸 가축에 먹일 마른풀은 필요하지요. 세균과 바이러스에 감염된 식물은 사람이나 동물에게 직접 질병을 옮기지 않아요. 하지만 식물이 전염병으로 병충해를 입으면 흉년이 들어 농사를 망치기 때문에 많은 사람과 동물 들이 굶주릴 수밖에 없어요.

굶주린 사람들이 몰려와 음식을 달라고 호소하고 있어요.

아일랜드 대기근

19세기 중반, 아일랜드에서는 감자 잎에 흰 곰팡이가 피다가 말라 죽는 마름병으로 흉년이 들어 감자를 수확하지 못했어요. 이곳 사람들은 유일한 식량인 감자를 먹지 못하자 굶주려 허약해졌고, 발진티푸스 등 병에 쉽게 걸렸지요. 아일랜드 대기근 동안 약 100만 명이 숨지거나 다른 나라로 떠나 아일랜드 전체 인구의 20% 이상이 줄었어요.

기근 해결 방법

아프리카에서는 고구마와 비슷하게 생긴 카사바 덩이뿌리를 주요 식량으로 먹어요. 그래서 만약 카사바가 병들어 말라 죽으면 아프리카의 수많은 사람들이 굶주릴 우려가 있지요. 지난 10년 동안 의학계에서는 카사바의 품종을 개량하려고 여러 연구를 거듭했어요. 그리하여 사람들에게 인기 있는 카사바 품종을 특이한 품종들과 함께 더욱 많이 번식시켜 새롭고 질병에 강한 다양한 품종들을 생산하게 되었답니다.

살모넬라균

대장균

품종 개량의 과제

오늘날에는 생산성 높은 실용적 품종들을 집중적으로 개량해 육성하고 있어요. 그만큼 예전부터 길러 왔던 다양한 고유 품종들은 사라지고 있지요. 만약 논밭에 한 가지 품종만 심는다면, 이 품종에 병충해가 생겼을 때 다른 농작물로 대신할 수 없어요. 이는 농업 전반에 큰 피해를 가져다주게 되지요. 그래서 개량 품종과 고유 품종을 골고루 심는 것이 중요하답니다.

식품에 생기는 세균과 바이러스

도시에 사는 사람들이 가게에서 구입하는 식품들은 대개 한참 떨어진 지역의 농장이나 공장에서 온 것들이에요. 그래서 식품을 가게로 운송하는 과정에서 제대로 관리하지 못하면 해로운 세균이나 바이러스가 식품에 생겨 사람에게 옮겨질 수 있지요. 예를 들어, 더러운 환경에 식품을 보관하면 살모넬라균이 침투했다 사람의 입을 통해 몸속으로 들어와요. 이 균은 식중독을 일으켜 심하면 목숨을 앗아 갈 수도 있지요. 또 잘 씻지 않은 채소를 먹으면 해로운 대장균이 몸속으로 들어와 질병을 일으키기도 해요.

맥류줄기녹병에 감염된 밀

악마의 저주로 알려진 맥각병

중세에 한 젊은 여성이 겁에 질린 채 경련을 일으키며 바닥에 쓰러져 온몸을 떨고 있었어요. 팔다리의 통증 때문에 발작하면서 자꾸만 헛것이 보였지요. 300년 전만 해도 이런 증상을 보이면 악마의 저주에 걸린 마녀로 몰렸어요. 오늘날에는 붉은 맥각균이 번식한 호밀, 보리, 밀로 만든 빵을 먹으면 걸리는 병이라는 게 밝혀졌지요. 주로 곡식이 부족한 가난한 사람들이 걸렸어요.

맥각병의 증상

맥각균을 오래 섭취하면 크게 3가지 중독 증상이 나타나요. 뇌와 신경의 이상으로 발작과 경련, 환각 등을 일으키고, 온몸에 피를 공급하는 동맥이 막혀서 세포 조직이 죽어요.

발작과 경련

맥각균이 신경을 망가뜨려 온몸에 경련이 일어나고 몸의 각 부위가 뒤틀려요. 감각이 무뎌져 피부가 마비되거나 바늘로 찌르는 듯한 고통을 느끼고 두통과 구역질도 생겨요.

환각

맥각균에는 환각제와 비슷한 화학 구조의 물질이 들어 있어요. 그래서 맥각병 환자들은 상상 속 허깨비가 보이고 헛소리가 들리는 환각 상태에 빠지지요.

세포 조직의 괴사

맥각병으로 동맥이 막히면 손가락과 발가락이 붉게 부풀면서 물집이 잡히다가 신경이 마비돼요. 손발의 혈관에 피가 제대로 돌지 못해 세포가 죽으면, 결국 팔다리를 잘라 내야 하지요.

감염된 곡물

날씨가 습하면 맥각균이 호밀, 보리 같은 곡물에 잘 번식해요. 맥각균에 걸리면 보릿잎 끝이 검게 변하고 호밀 이삭이 까맣게 시들지만, 자칫 미처 발견하지 못할 때도 있어요. 맥각균에 감염된 곡물을 빻으면 가루가 붉은빛을 띠지만, 워낙 호밀이 어둡고 짙은 색이어서 맥각균에 걸렸는지 알아차리지 못할 수도 있지요. 맥각균은 아주 적은 양으로도 곡물들에 전염병을 일으킬 수 있어요.

호밀 이삭에 생긴 맥각균

세일럼 마녀재판

17세기 말, 미국 매사추세츠 세일럼 마을에서 여자아이들이 온몸을 바늘로 찌르는 것 같은 통증 때문에 비명을 지르고, 발작하며 괴로워했어요. 안타깝게도 이들은 마녀로 몰려 재판을 받고 처형되었지요. 정확히 밝혀지진 않았지만, 증상으로 미루어 이들은 맥각균에 감염된 호밀빵을 먹었을 거라 짐작되고 있어요.

한 여자아이가 세일럼 마을의 마녀재판에서 쓰러진 채 몸부림치고 있어요.

호밀빵으로 퍼져 나간 죽음

맥각병은 유럽 북부에 가장 널리 퍼졌어요. 그 지역에서 호밀이 잘 자라다 보니 호밀빵을 주식으로 먹었기 때문이에요. 이 병에 걸리면 5명 가운데 2명꼴로 목숨을 잃었어요. 맥각병이 가장 심각하게 유행한 건 언제일까요?

 922년, 프랑스 : 맥각병이 널리 유행해 무려 4만 명 이상이 목숨을 잃었어요.

 1128년, 프랑스 : 수도 파리에서 맥각병이 발생해 1만 4,000여 명이 숨졌어요.

 1374년, 독일 : 맥각병이 아헨(엑스라샤펠) 지방을 휩쓸어 무도병(몸이 뜻대로 되지 않고 춤추듯이 심하게 움직이는 신경병)이 크게 유행했다고 알려졌어요.

 1722년, 러시아 : 맥각병으로 군인 수천 명을 포함해 2만 명 이상이 숨졌어요. 심지어 군인이 부족해 러시아 황제가 서유럽 침략 전쟁을 중단할 정도였지요.

 1862~1863년, 핀란드 : 흉년이 들자 굶주린 사람들은 맥각균에 오염된 호밀도 가리지 않고 먹었어요. 결국 1,400명 이상이 맥각병에 걸렸지요.

오늘날의 위험한 전염병

전염병 연구소에서는 예나 지금이나 세균과 바이러스를 경계하고 있어요. 200년 전부터 의학의 발달로 각종 전염병들을 예방할 수 있게 되었지만, 건강을 위협하는 새로운 전염병들이 계속 빠르게 퍼지고 있거든요. 오늘날에는 전염병 유행의 범위가 아주 넓어요. 썩은 음식, 세균 전쟁, 약물 오용 등의 다양한 경로로 쉽게 퍼질 수 있지요. 특히 세계 곳곳을 자유롭게 여행할 때 전염병이 가장 심각하게 퍼진답니다.

비행기를 통한 전염

오늘날에는 많은 사람들이 비행기를 타고 외국으로 떠나요. 그때 세균과 바이러스도 이동해 전염병을 옮기지요. 이러한 전염 경로는 21세기 들어 심각한 문제로 떠올랐어요. 2002년 11월, 중국에서 사스(SARS, 중증 급성 호흡기 증후군) 환자가 처음 생겨 이듬해 4월 중순에는 24개국으로 퍼졌지요. 국경을 넘나드는 외국 여행을 제한하는 것으로는 확산을 막을 수 없었어요. 겨우 2주 정도 전염을 늦췄을 뿐이지요.

가축을 통한 전염

축산 농가에서는 좁은 공간에 식용 가축들을 가둬 놓은 채 바짝 붙여 키워요. 그래서 전염병에 걸리면 주변 가축들을 감염시키고, 감염된 가축들의 고기를 사람이 먹으면서 전염병이 걷잡을 수 없이 퍼지지요. 한 마을에서 돌던 전염병이 금세 온 나라로 퍼진 경우도 많아요. 1980년대, 영국에서는 광우병 증상이 있는 약 50만 마리의 소고기를 먹었는데 뒤늦게 광우병의 위험성이 밝혀졌지요. 쾌적한 환경을 갖춘 작은 농장에서 키운 식용 가축을 쓰면 가축을 통한 전염의 위험을 피할 수 있답니다.

많은 소들이 빽빽한 축사에서 부대끼며 여물을 먹고 있어요.

코로나 바이러스를 막으려는 세계 각국의 노력

2019년 12월, 코로나 바이러스(COVID-19)가 전 세계로 퍼져 수억 명이 감염되었고, 수백만 명 이상이 죽음을 맞았어요. 코로나 바이러스 감염자가 기침이나 재채기를 하면 침방울이 사방으로 튀는데, 이때 침방울 속 코로나 바이러스가 다양한 경로를 통해 다른 사람에게 전염돼요. 숨을 들이마실 때 바이러스가 입과 코로 들어가거나, 씻지 않은 손으로 눈을 비비면 바이러스가 눈으로 들어가 감염되기도 해요. 그래서 마스크를 꼭 쓰고, 손을 자주 꼼꼼하게 씻는 생활 수칙이 마련되었지요. 2020년 초부터 세계 각국은 엄격한 국경 봉쇄 정책을 세우고 사람의 이동을 통제하기 시작했어요. 또 나라 안에서도 학교, 체육과 종교 시설, 여러 공공시설의 출입을 제한하고 모두들 최대한 집에 머물며 생활하라고 권고했지요. 전 세계의 모두가 조심하고 백신 예방 접종을 서두르면 보다 많은 생명을 구할 수 있을 거예요.

2003년. 방역 요원이 중국 여객기를 소독하고 있어요.

항생제는 처방대로 복용하기

항생제는 세균을 억제하고 죽이는 강력한 약이에요. 세균에 감염된 환자는 항생제를 올바르게 복용하고 의사가 처방한 약을 꾸준히 잘 챙겨 먹어야 질병을 이겨 낼 수 있어요. 하지만 어떤 환자들은 약을 반으로 나눠 먹거나, 증상이 조금 나아지면 맘대로 복용을 중단해요. 의사의 처방대로 항생제를 먹지 않으면 몸속 세균들이 제대로 죽지 않아요. 심하면 항생제에 내성이 생긴 세균들이 몸속에서 항생제의 공격을 물리치고 독하게 살아남아 질병을 다시 일으켜요. 이런 경우 치료가 어려워지지요. 항생제는 질병에 따라 꼭 필요한 경우에 쓰되, 처방받은 대로 잘 챙겨 먹어야 내성을 막을 수 있어요.

방사선 사진으로 진단하는 결핵

크리스마스 무렵이 되면 여러 그림을 담은 우표 모양의 '크리스마스실'을 판매해요. 결핵에 걸린 어린이를 돕기 위해 1904년 12월, 덴마크에서 시작된 모금 운동이지요. 19세기 유럽에서 결핵은 서서히 나빠지지만, 한번 걸리면 확실하게 죽음에 이르는 전염병으로 악명 높았어요. 오늘날에는 가슴 방사선 사진을 찍어 허파에 결핵 흔적이 있는지 간단히 확인하고 항생제로 결핵균을 말끔히 치료할 수 있답니다.

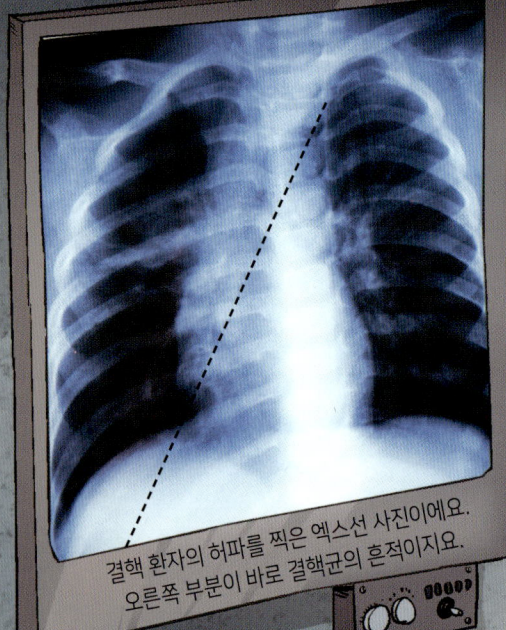

결핵 환자의 허파를 찍은 엑스선 사진이에요. 오른쪽 부분이 바로 결핵균의 흔적이지요.

죽음으로 이끄는 결핵

가장 뚜렷하게 나타나는 결핵 증상은 심한 기침이에요. 결핵균으로 허파가 망가져서 피를 토하기도 해요. 체온이 오르거나 피부가 창백해지고, 식욕이 떨어져서 점점 살이 빠지기도 하지요. 치료법이 나오기 전인 20세기 초반에 결핵에 걸린 부유한 환자들은 복잡한 도시의 저택을 떠나 한적하고 조용한 지방의 병원에서 요양했어요. 야외에 설치된 침대에 누워서 햇볕을 충분히 쬐고, 맑은 공기를 마시며 휴식했지요. 영양이 풍부한 음식을 먹고 몸을 회복하면서 증상이 더욱 나빠지지 않도록 관리했답니다.

결핵 환자의 증상
- 식은땀
- 붉어진 뺨
- 마른기침
- 살이 빠져 야윈 몸
- 창백한 피부
- 오슬오슬 춥고 덜덜 떨리는 팔다리

결핵에 걸려 증상이 계속 나빠지면 뼛속에서 피의 주요 성분을 만드는 골수가 망가져요. 고고학자들은 3000년 전 시신의 뼈를 조사해 결핵을 앓았던 흔적을 발견했답니다.

방사선 사진

1895년, 독일의 과학자 빌헬름 뢴트겐은 눈에 보이지 않는 어떤 빛이 고체 물질을 통과한다는 사실을 발견하고, 이 방사선 광선에 '엑스선(X선)'이라는 이름을 붙였어요. 그 뒤 의사들은 환자의 배를 가르지 않고도 엑스선으로 몸속을 찍어 뼈와 장기 등을 들여다볼 수 있게 되었지요. 또, 허파를 찍은 방사선 사진으로 결핵에 걸렸는지 간단히 판단할 수 있었어요. 결핵균에 감염된 부분에는 유독 뿌연 음영이 나타나거든요.

결핵에 잘 걸리는 사람들

18~19세기에는 유명한 사람들이 결핵으로 목숨을 잃는 일이 많았어요. 결핵으로 인한 사망이 유행이라고 할 정도였지요. 낭만주의 화가와 작가들은 결핵이 창의적이고 예술적인 사람에게 더욱 많이 생기는 비극적인 병이라고 여겼지만 실은 그렇지 않았어요. 결핵은 주로 가난한 사람들의 목숨을 빼앗을 뿐이지요. 공기가 잘 안 통하는 더러운 환경에서 많은 사람들이 부대끼며 생활해 결핵균이 쉽게 퍼진 것이지요. 더구나 이들은 매일 굶주려 결핵에 맞서 싸울 면역력을 기르지 못했어요.

납 성분이 있는 특수 방호복을 입으면 방사선이 몸속에 많이 흡수되지 않게 막아 준답니다.

이르티에르세누
약 2600년 전, 약 50세에 결핵으로 죽었다고 알려진 이집트 여성의 미라예요.

나폴레옹 2세(1811~1832년)
4살에 프랑스 황제가 되었다가 보름 만에 왕위에서 쫓겨난 뒤 21살에 결핵으로 숨졌어요.

엘리너 루스벨트(1884~1962년)
미국의 인권 운동가이자 대통령 부인이었어요. 결핵이 원인이 되어 78살에 세상을 떠났지요.

결핵 예방 백신(BCG) 주사를 맞으면 흉터가 남아요.

결핵 위험의 증가

20세기 중반까지는 항생제로 결핵을 충분히 치료할 수 있었어요. 하지만 점차 결핵균이 항생제에 내성을 갖기 시작하면서 치료가 어려워졌지요.(45쪽) 그래서 2006년, 남아프리카 공화국의 결핵 환자들은 어떠한 약을 써도 잘 듣지 않아 결국 목숨을 잃고 말았어요. 전 세계 질병 관리청은 앞으로 결핵이 100년 전처럼 인류의 건강을 크게 위협할 거라며 우려하고 있지요.

결핵 예방 접종

결핵 치료는 어려워도, 예방은 비교적 간단해요. 결핵 예방 백신(BCG) 주사를 접종하면 되거든요. 어릴 때 예방 주사를 맞으면 대부분 몇몇 종류의 결핵에는 잘 걸리지 않아요. 하지만 예방 주사를 맞아도 결핵에 걸리는 경우가 있고, 접종한 뒤 20년 정도 지나면 예방 효과가 거의 사라져요.

미래의 전염병

새로운 전염병은 지금도 계속 생겨나는 데다 오래전에 치료하고 예방했던 전염병들이 다시 유행하기 시작해 인류의 건강을 크게 위협하고 있어요. 앞으로도 수많은 세균과 바이러스의 돌연변이가 발생해 세계 곳곳으로 퍼져 나갈 거예요. 그러므로 모두가 전염병에 대해 바로 알고, 예방 수칙을 잘 지켜 대비하고 치료하는 것이 무엇보다 중요하답니다.

새롭게 등장한 전염병

전염병 연구소의 연구팀은 최근에 새롭게 나타난 질병을 파헤치고 있어요. 동물이 동물 또는 인간에게 바이러스를 옮겨 발생하는 에볼라 출혈열, 니파 바이러스 감염증, 조류 인플루엔자, 신종 인플루엔자(신종 플루)의 감염 경로를 추적하고 있지요. 에볼라와 니파 바이러스는 증상이 아주 심각해 심하면 죽음에 이를 수도 있어요. 조류와 신종 인플루엔자 바이러스는 세계적인 유행을 일으킬 위험이 커서 긴장하고 있지요.

주요 유행병

에볼라 출혈열: 1976년, 자이르 공화국에서 전염이 시작되어 감염 환자 10명 가운데 9명꼴로 사망했어요.

니파 바이러스 감염증: 1999년, 말레이시아에서 과일 박쥐가 인간에게 병을 옮긴 뒤 퍼져 나갔어요.

조류 인플루엔자: 1997년, 홍콩에서 시작해 2004년엔 동남아시아에서 닭이 사람에게 병을 옮긴 뒤 퍼져 나갔어요.

신종 인플루엔자: 사람과 돼지, 조류 인플루엔자 물질들이 혼합된 바이러스로, 2009년 미국에서 처음 발견되었어요.

바이러스 사냥꾼

새로운 전염병은 대개 농장 가축, 유인원, 원숭이에 의해 퍼져요. 세계적으로 유행하는 전염병을 미리 파악하려면 동물과 접촉하는 사람의 건강부터 확인해야 해요. 동물 몸에 감염된 질병이 이들에게 가장 먼저 전염된 뒤 퍼져 나가니까요. 네이션 울프 박사를 비롯한 바이러스 전문가들이 아프리카와 동남아시아 열대 지방에서 이런 진료를 했지요.

네이션 울프 박사

체계적인 방역 관리

새로운 치료법이나 백신을 개발하면 전염병을 막을 수 있지만 시간과 돈이 엄청 들어요. 그럼 전염병 예방을 위해 각자 생활에서 할 수 있는 일은 뭐가 있을까요? 사실, 깨끗한 물과 비누로 매일 씻기만 해도 콜레라를 예방할 수 있고, 5,000원짜리 모기장만 쳐도 말라리아에서 벗어날 수 있어요. 정부는 전염병 전문가들로 하여금 예방 수칙을 널리 알리며, 전염병이 발생하거나 유행하지 않도록 미리 막아야 해요. 또 비상시 각종 의료 물품을 충분히 지원할 수 있도록 미리 준비해야 하지요.

세계 보건 기구(WHO)

세계 보건 기구는 전 세계 여러 나라들이 보건·위생 분야의 국제적인 협력을 위해 설립한 국제 연합(UN)의 전문 국제 기구예요. 전염병 예방을 위한 '국제 보건 규칙'을 정하고 전염병이나 원인을 알 수 없는 질병이 발생하면 협력하여 해결 방법을 찾아내 몸과 마음이 건강할 수 있는 방법을 연구하지요. 가난한 나라들에 약이나 식량을 전해 주기도 한답니다.

세계 보건 기구(WHO)의 상징 마크

아시아
홍콩
말레이시아
오스트레일리아

전염병 연구를 위한 단어 풀이

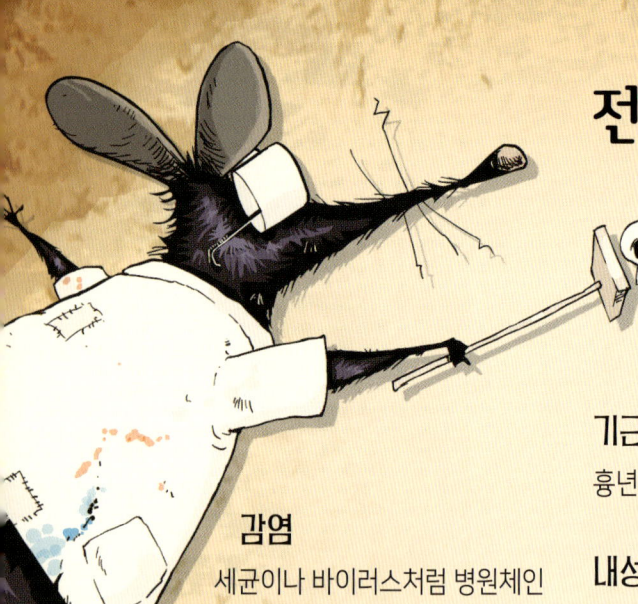

감염
세균이나 바이러스처럼 병원체인 미생물이 동식물의 몸 안에 들어가 증식하면서 발병하는 일.

골수
뼛속 한가운데에 가득 차 있는 조직으로, 백혈구와 적혈구를 만드는 물질.

곰팡이
주로 어둡고 축축한 곳에서 자라며, 동물 또는 식물에 붙어사는 몸의 구조가 간단한 균류를 통틀어 이르는 말.

국제 보건 규칙
여러 나라가 힘을 모아 전 세계에 전염병이 널리 퍼지는 것을 막기 위해 세계 보건 기구(WHO)에서 마련한 약속.

기근
흉년으로 먹을 양식이 모자라 굶주리는 상태.

내성
어떤 병원체에 같은 항생 물질을 계속 썼을 때 병원체의 변이 등으로 저항하는 힘이 생겨서 약효가 떨어지는 현상.

동맥
심장에서 피를 온몸으로 보내는 두꺼운 혈관.

면역
몸속에 들어온 병원체에 맞서 싸우는 항체가 생겨, 그 질병에 걸리지 않게 된 상태나 작용. 날 때부터 타고난 자연 면역, 질병을 앓거나 예방 접종을 해서 생긴 후천 면역이 있다.

미생물
맨눈으로 볼 수 없고 현미경으로 관찰할 수 있는 바이러스 따위의 아주 작은 생물.

바이러스
혼자서는 살 수 없고, 다른 동물과 식물, 세균 등의 살아 있는 세포에서만 증식하는 비세포성 생물(생물과 무생물의 중간 형태). 감염된 세포를 파괴해 질병을 일으킨다.

방사선 사진
맨눈으로 볼 수 없는 물체 내부와 사람의 몸속을 들여다보기 위해 방사선으로 찍는 사진.

백신
전염병에 대해 인공적으로 면역을 주기 위해 세균과 바이러스 등을 아주 약하게 만들어 몸속에 주사하는 약물.

백혈구
몸속에 들어온 병원체를 잡아먹으면서 몸을 보호하는 핏속의 세포 가운데 하나.

변이
같은 종의 생물에서 나타나는 서로 다른 모양이나 성질.

변종
같은 종의 생물 가운데 변이가 생겨 성질과 형태가 달라진 종류.

병원체
병을 일으키는 원인이 되는 세균, 바이러스, 원생생물 등 미생물을 아울러 이르는 말.

세계적 유행(팬데믹)
전염병이 전 세계의 여러 대륙에 퍼져 크게 유행하는 현상.

세균(박테리아)
다른 생물의 몸속에서 질병을 일으키거나 음식을 발효하기도 하는, 1개의 세포로 이루어진 아주 작은 미생물. 생물을 분해해 생태계 순환에 도움이 되기도 함.

세포
생물의 몸을 이루는 가장 기본이 되는 단위.

예방 접종
전염병에 걸리지 않도록 백신을 몸속에 주사해 후천적으로 면역이 생기게 하는 일.

원생생물
물속에 살면서 식물처럼 광합성을 하는 '조류'와 말라리아 원충이나 아메바처럼 세포 하나로 이루어진 '원생동물'을 모두 포함하는 작고 단순한 생물.

유행병
어떤 지역에 널리 퍼져 여러 사람들이 잇따라 돌아가면서 전염되어 앓는 질병.

적혈구
산소를 온몸에 날라 전달하는 핏속의 붉은색 세포.

전염병(감염병)
병원체인 미생물이 생물의 몸속으로 들어가 증식하면서 일으키는 질병. 대한민국에서는 2010년에 개정된 '감염병 예방법'에 따라 공식적으로는 '감염병'이라고 표현한다.

증상
열이나 두통, 설사 같은 질병을 앓을 때 나타나는 여러 가지 상태나 느낌 또는 모양.

집락(콜로니)
세균이나 곰팡이 따위의 미생물이 모여서 맨눈에 보이는 크기로 증식해 생긴 덩어리.

탄저병
몸이 붓고 호흡 곤란, 설사 등의 증상이 나타나는 탄저균으로 생기는 전염병. 주로 초식 동물에 발병하지만 사람에게 옮기도 한다.

항생제
세균을 죽이거나 세균이 자라지 못하게 막는 약물. 자연에서 항생 물질을 얻기도 하지만 최근에는 여러 항생 물질을 합성해 사용한다.

항체
몸속으로 들어오는 병원체를 죽이거나 증식을 막기 위해 몸속에서 만들어지는 면역 물질.

감염병 대유행의 역사

천연두(Smallpox)
천연두는 인류 최초의 감염병으로 알려져 있어요. 1519년 스페인의 에르난 코르테스가 수백 명의 군대를 이끌고 멕시코의 아즈텍 제국을 정복했지요. 아즈텍 제국이 몰락한 주요 원인 가운데 하나는 유럽 사람들과 함께 천연두가 건너와 많은 멕시코 토착민들이 사망했기 때문이었어요.

페스트(Plague)
페스트는 페스트균에 의해 발생하는 급성 감염병이에요. 감염되면 살이 썩어 검어지기 때문에 '흑사병'이라고도 해요. 1340년대에 유럽에서 대유행하여 유럽 전체 인구의 무려 30% 이상이 목숨을 잃을 정도로 심각했지요.

콜레라(Cholera)
콜레라는 물이나 음식에 들어 있는 콜레라균에 의해 전염되는 감염병이에요. 인도 벵골 지방의 풍토병이었으나 1817년에 인도를 침략한 영국군에 의해 곧 전 세계로 확산되었어요. 이후에도 7번이나 세계적인 유행성 콜레라가 발생해 남극 대륙을 제외한 전 대륙으로 퍼져 나가, 결국 수백만 명이 사망했지요.

결핵(Tuberculosis)
결핵은 기원전 7000년경 석기 시대의 화석에서 흔적이 발견되었을 만큼 오래된 감염병이에요. 인류 역사상 가장 많은 생명을 앗아 갔지요. 특히 19세기의 대표적인 유행병으로, 1800년대 초반까지 유럽 인구의 약 25%가 목숨을 잃을 정도였어요.

스페인 독감(Spanish Flu)
스페인 독감은 제1차 세계 대전 중인 1918년에 처음 발생해 2년 동안 전 세계 사람들의 목숨을 앗아 갔던 역사상 가장 끔찍한 독감으로 알려져 있어요. 전쟁이 끝나 고향으로 돌아가는 군인들을 통해 세계로 전파되어 크게 유행했지요. 이 감염병으로 제1차 세계 대전의 전사자 수인 900만 명의 몇 배나 되는 최소 4,000만 명 이상이 숨을 거두었어요.

• 초등 교과 《사회》 6-2 2. 통일 한국의 미래와 지구촌의 평화
(3) 지속 가능한 지구촌

에볼라 출혈열
(Ebola Hemorrhagic Fever)

1976년 8월 자이르(현재 콩고 민주 공화국)에서 처음 발견돼 아프리카를 덮친 최악의 바이러스예요. 2014년 서아프리카에서 크게 유행해 약 1만 2,000여 명이 목숨을 잃었고, 유럽과 미국까지 크게 퍼졌어요. 감염 환자 10명 가운데 9명꼴로 사망할 정도로 위협적이었지요.

후천 면역 결핍증
(에이즈, AIDS)

에이즈는 인간 면역 결핍 바이러스(HIV)로 감염되어 접촉이나 감염된 피를 통해 다른 생물에게 전파돼요. 이 바이러스는 면역 기능을 크게 떨어뜨려 작은 질병에 걸려도 위험해질 수 있지요. 1980년대 세계적으로 유행하면서 본격적으로 에이즈를 연구하기 시작했어요.

사스(SARS)

사스는 2002년 11월 중국 광둥성에서 처음 발병하여 홍콩을 통해 전 세계로 확산된 중증 급성 호흡기 증후군이에요. 광둥성의 한 병원에 입원한 환자에게 감염된 의사가 홍콩으로 이동하면서 바이러스가 세계에 널리 퍼졌지요.

신종 인플루엔자 A
(Influenza A Virus Subtype, H_1N_1)

신종 인플루엔자 A는 사람과 돼지, 조류 인플루엔자 유전 물질들이 혼합된 바이러스예요. 2009년 4월에 미국에서 처음 발견되어 전 세계로 널리 퍼졌어요. 처음에는 A형 인플루엔자 바이러스에 옮은 돼지를 통해 발병했다고 하여 돼지 독감으로 불리다가 공식 명칭을 사용하게 되었지요. 세계 보건 기구(WHO)는 감염 확산이 급증하자 2009년 6월 11일에 감염병 경보 가운데 최고 단계인 팬데믹을 선포했어요.

코로나 바이러스 감염증 19(COVID-19)

코로나 바이러스 19는 2019년 12월, 중국 우한에서 처음 발병된 이래 세계적으로 유행한 급성 바이러스 호흡기 질환이에요. 처음에는 '정체불명의 폐렴'으로 알려졌다 짧은 시간에 전 세계 213개국으로 퍼지며 100만 명 이상이 목숨을 잃고 말았어요.

번뜩이는 기발한 아이디어로
세균과 바이러스를 마음껏 그려 보아요!

| 페스트균 | 콜레라균 | 살모넬라균 | 대장균 | 결핵균 | 한센병균 |

글 리처드 플랫

과학 분야를 중심으로 어린이와 어른을 위한 다수의 책을 쓰고 있는 작가입니다. 많은 작품 가운데 《해적 일기》는 2003년 영국의 블루 피터 어린이 도서상의 '최고 이론서 상'을 수상했습니다. 지은 책으로는 《카이사르》, 《꼼짝 마, 악당들아!》, 《범죄의 현장》, 《세계의 정상, 에베레스트를 정복하다》, 《뉴욕》, 《런던》, 《베이징》 등이 있습니다.

그림 존 켈리

영국 런던의 교외에서 20년 이상 그림 작가로 활동하고 있고 현재는 작가와 디자이너로 영역을 넓히고 있습니다. 그림책, 동화, 그래픽노블, 지식 정보책 등 다양한 어린이 도서를 쓰고 그렸으며 케이트 그리너웨이 도서상 최종 후보에 두 차례 오르기도 했습니다. 《세 투덜이》를 비롯한 다수의 도서들을 쓰고 그렸습니다.

옮김 최현경

서울대학교 아동가족학과를 졸업한 뒤 오랫동안 어린이 책을 기획·편집하고 번역해 왔습니다. 옮긴 책으로 《쿠키 한 입의 행복 수업》, 《바나나 껍질만 쓰면 괜찮아》, 〈별숲 세계 시민 학교〉 시리즈, 〈고양이 소녀 키티〉 시리즈 등이 있습니다.

감수 김명주

서울대학교 의과대학 의학과 박사 학위를 받고, 현재 단국대학교 의과대학 해부학교실에서 의학을 연구하고 가르치는 교수입니다. 또한 대한체질인류학회 학술이사, 대한해부학회 이사로 활동하면서 90여 편 이상의 논문을 발표했습니다. 감수한 책으로 《생생한 우리 몸 안내서》, 《내 몸과 마음을 지휘하는 놀라운 뇌 여행》, 《놀이 기구를 타면 왜 어지러울까?》 등이 있습니다.

사진 제공
이 책에 자료를 싣도록 허락해 주신 분들에게 감사드립니다.
모든 저작권자를 밝히려고 애썼지만, 실수로 빠졌거나 연락이 닿지 못한 분에게 깊이 사과드립니다. 연락을 주시면, 다음 인쇄 때 수정하겠습니다.
(t=위, b=아래, c=가운데, l=왼쪽, r=오른쪽)

본문 9tl Science Photo Library (SPL)/D. Ferguson/ISM; 9tc SPL/Barry Dowsett; 9tr SPL/Eye of Science; 10b Shutterstock/Irina Tischenko; 11t Alamy/History and Art Collection; 11c SPL/Eye of Science; 11br SPL/Steve Allen; 17tr Shutterstock/Photomay; 17b Shutterstock/Biomedical; 22 Professor Shimon Gibson; 23tr SPL/Meckes/Otawa; 23cl SPL/Dr Kari Lounatmaa; 23cr Reuters/Ajay Verma; 24 Shutterstock/Tomas Palsovic; 27tl SPL/IML; 27bl SPL/IML; 27c SPL/CCI Archives; 27br Getty/Hulton Archive; 28 AKG/Musée d'Orsay; 29t SPL/James King-Holmes;29c iStock/Grafissimo; 29r AKG/Archiv für Kunst & Geschichte, Berlin; 31c Shutterstock/leospek; 31r Shutterstock/DuxX; 33 Shutterstock/phichet chaiyabin; 35c AKG, London; 35bl Getty/Science& Society Picture Library; 35bc Getty/Heritage Images; 36 SPL; 37b Getty/Bettmann; 37c iStockphoto; 38b Shutterstock/pcruciatti; 38tl Shutterstock/Sebastian Kaulitzki; 39 Shutterstock/pcruciatti; 40 Getty/Hulton Archive; 41tr Shutterstock/Sebastian Kaulitzki; 41cr Shutterstock/Michael Taylor; 41b Alamy/Nigel Cattlin; 43l Alamy/Arco Images; 43r Shutterstock/Everett Historical; 44 Shutterstock/Mikhal Malyshev; 45 Getty/Yuri Smityuk; 46 Shutterstock/Puwadol Jaturawutthichai; 47 Shutterstock/Chatchai.wa; 49b Shutterstock/Julia Sanders; 49c Getty/J. Carrier; 49br World Health Organization, Geneva.